Julia Schmidt

Elmos großes Abenteuer!

Ein außergewöhnliches Tagebuch

Elmos großes Abenteuer!

- Ein außergewöhnliches Tagebuch

Jedes Buch hat wohl etwas Besonderes an sich. Dieses hier zeichnet sich aus, da es live geschrieben wurde und das Ende bis zum Schluss noch unklar war.

Bevor die Geschichte los geht, möchte ich mich bei euch einmal vorstellen.

Hallo, mein Name ist Elmo. Ich bin ein kleines flauschiges Kuscheltier (genauer gesagt, ein Elefant) und ca. sechs Jahre alt. Ich hause bei einer menschlichen Familie, die immer gut für mich sorgt. Nun habe ich im Internet gelesen, dass man als Ergotherapeut, so wie ich es seit einigen Jahren bin, ein Auslandsjahr in Amerika oder in Australien machen kann. Ich habe mich für die Reise nach Amerika entschieden. Ein ganzes Jahr werde ich bei einer Gastfamilie wohnen und neue Kulturen kennenlernen. Das wird sicherlich ein großartiges Abenteuer werden!

Aber nun erstmal alles auf Anfang: Eines Abends saß ich vor einem Din A4 Blatt und überlegte.... Nein, so kann ich kein neues Buch anfangen zu schreiben. Mein liebstes Tagebuch, dich nehme ich mit, dachte ich mir. Und so geschah es auch. Die Vorbereitungen sind in Gange, der kleine große Kopf ist am Arbeiten. Ich darf bloß nichts vergessen, rast es mir durch den Kopf. Immer wieder denke ich an meine große Liebe, an meine Elefantendame Elma. Wie gut, dass ich sie habe und sie mich bei meiner Reise unterstützt, auch wenn wir bald voneinander getrennt wohnen werden.

Die Vorbereitungen laufen auf Hochtouren und meine großen kleinen Elefantenzehen sind am Brennen. Ich war dadurch sehr müde, ging ins Bett und schloss die Augen.

In meinen Traumwolken sah ich sie vor mir, die Zukunft. Ich würde Elma immer im Herzen haben und an sie denken. Jetzt hatte ich endlich die Chance etwas ganz Großes zu entdecken. Die Welt muss einfach größer sein als unser Heuschuppen, ähm… Schlafzimmer. „Bunt ist die Welt, bunt ist das Leben." So viel steht schon mal fest. Im Traum sah ich alles ganz klar vor mir, als wenn es schon heute wäre. Ich sehe mich im Flugzeug, Musik in den Ohren und eine wahnsinnige Aussicht nach unten. Meine Flugängste waren im Traum überhaupt nicht da. So fühlte ich mich frei. … Plötzlich wachte ich verschwitzt auf. Ein paar Tränen waren auf meiner Stirn zu spüren. Ich hoffe, dass alles gut geht, ging es mir durch den Kopf. Ich schaute mich um und sah Elma neben mir liegen. Schließlich schlief ich sorgenfrei und ruhig wieder ein.

Am nächsten Tag fuhren wir alle (ich mit Elma und unserer Familie) mit dem edlen ICE in die große Stadt nach Frankfurt am Main. Damit auch wirklich alles für die Reise vorbereitet ist, brauchte ich noch die absolute Zustimmung der Amerikaner. Für eine Stunde habe ich schon mal amerikanischen Boden gespürt. So schnell wie wir da waren, ging es auch wieder zurück.

Zuhause war ziemlich viel Trubel. Ich benötigte viel Zeit meine elefantischen Kräfte einzusetzen und alles Nötige zu regeln. Bald geht die große Reise los und es ist wirklich schön, Unterstützung und Zustimmung von meinen Liebsten zu bekommen. Mit viel Zuversicht und Optimismus von Elma bin ich bereit mich auf dieses Experiment einzulassen. Ich werde berichten und schreiben. Und wer weiß, eventuell kann daraus ja noch ein richtiges Buch werden.

Jetzt ist es soweit und ich bin in Amerika, in Maryland. Doch zunächst schreibe ich, wie ich es von Deutschland überhaupt nach Amerika geschafft habe.

Erstmal stand die große Fahrt nach Hamburg zum Flughafen an. Morgens musste dafür schon der Wecker um fünf Uhr klingeln. Aber ich war soweit mit meinem Koffer und meinem Handgepäck gut vorbereitet. Auf dem Weg zum Flughafen haben wir die alte Steintafel zum Spielen rausgeholt und spielten unter anderem „Zeichenbilder erraten". Vor Ort habe ich mit meiner Familie schnell den richtigen Schalter gefunden. So pünktlich wie wir dort waren, konnte ich in Ruhe einchecken. Der Abschied nahte, aber es liefen keine Tränen. Von Elma gab es noch zwei kleine Geschenke, die ich später erst auspackte. Nach der Kofferabgabe und der Kontrolle kam ich in den Aufenthaltsraum bis es zum Flugzeug ging. Der erste Flug war wirklich aufregend. Ich hatte einen Fensterplatz und ich konnte bei viel Sonne den Start bzw. die Aussicht genießen. Nach etwa zwei Stunden Flug ging es Richtung Boden. Ich sah ein Schloss und dachte, dass da die Queen wohnen muss. Aber nachdem ich dann wieder einen Palast gesehen habe, wird es wohl etwas anderes gewesen sein.

In London angekommen, musste ich mich erstmal zurechtfinden. Dort war nämlich nur eine kleine Kontrolle für das Handgepäck. Danach kam schon die große Shopping Halle. Nachdem ich wusste, wann der nächste Flug ist, holte ich mir ein Sandwich und ein Blaubeermuffin. Der erste Einkauf mit Kreditkarte ist geschehen. Hätte ich das Essen in bar bezahlt, hätte es Pounds zurückgegeben. Das Kleingeld hätte nicht mehr in meinen Elefantenrucksack gepasst. Für den Flug nach Baltimore ging ich zum Terminal. Doch so einfach war es nicht. Ich habe mich gewundert, warum man dafür 10- 15 Minuten brauchen sollte. Ich sah mich um, entdeckte ein Hinweisschild und verstand es dann. Man musste sehr weit laufen und für die Bereiche B und C sogar eine U- Bahn benutzen. Also fuhr ich mit der Bahn und kam sehr schnell an mein Ziel an. Dort ging es allerdings dann gar nicht weiter. Ich wusste nicht was los war und wartete erstmal ab. … Es gab eine Verspätung von fast einer Stunde. Zum Glück ging es dann mit dem zweiten Flieger los. Ich sage euch, das war vielleicht eine Maschine. Die war mindestens doppelt so groß wie die Erste. Es gab auch drei Sitzplätze nebeneinander. Aber das gleich drei Mal. Die Liegeplätze in der ersten Klasse sahen auch sehr interessant aus. Es wirkte in etwa wie in einem Wohnzimmer mit gemütlichen Sofas. Ich setzte mich auf meinen Platz und versuchte mich ein bisschen zu entspannen. Immerhin kannte ich den Ablauf nun besser. Diesmal saß ich an der Innenseite der Maschine. Sehr schade fand ich, dass die meiste Zeit das Fenster dunkel gehalten wurde. Erst später habe ich gelesen, wie lange der zweite Flug dauern sollte. Es war echt sehr lange. Fast acht Stunden nur von London nach Amerika. Nachdem das Flugzeug in die Lüfte ging, konnte ich mich endlich mal hinlegen und meinen Rüssel ablegen. Was die Leute dabei gedacht haben als sie mich sahen, fragt ihr euch? … Ganz bestimmt dachten die: „Oh wie gemütlich das bei ihm aussieht!"

Als ich endlich ankam, gab es noch Probleme, weil ich mein Sandwich nicht aufgegessen hatte und das beim Zoll angegeben werden musste. Auch musste ich dafür extra einen Zettel ausfüllen, den ich zuerst nicht verstand. Doch als ich meine amerikanische Gastfamilie sah, ging es mir schon viel besser. Ich wurde sehr herzlich von den Kindern, die ein Plakat mit der Aufschrift „Welcome" hochhielten und einen wunderschönen Blumenstrauß empfangen. Ich war echt tot müde und eigentlich wollte ich nur unter einer richtigen Elefantenduschen mich frisch machen. Vor allem hätte ich am liebsten meine Kamera rausgeholt und alles fotografiert. Der Sonnenuntergang war auch sehr schön. Doch leider hat die Kraft nicht mal mehr für ein Handyfoto gereicht. Auch der Weg zum Haus der Gastfamilie war länger als erwartet. Aber die ersten Eindrücke waren sehr gut.

Tag 2, 23.04: Am ersten richtigen Tag in Amerika konnte ich zwar ausschlafen, aber ich habe die Zeit genutzt und packte meine Sachen aus. Alles bekam seinen Platz. Dann entdeckte ich die Geschenke von meiner Familie aus Deutschland und ich musste sie sofort auspacken. Ich freute mich über zwei wunderbare Steinherzen, die es bis zur anderen Seite geschafft haben. Am Vormittag ging es bereits zu einem kleinen Laden, wo ich in Ruhe meine restlichen Sachen kaufen konnte. Das Wetter war wunderbar und so verbrachte ich erstmal die Zeit im Garten und telefonierte nach Deutschland. Später holten wir die beiden Kinder (zwei Jungs, fünf und acht Jahre alt) der Gastfamilie ab. Das war nur eine Ausnahme. Sobald hier ein wenig Routine drin ist, werden sie mit dem Bus abgeholt und gebracht. An diesem Tag verbrachten wir nachmittags noch ein paar Stunden auf dem Spielplatz.

Tag 3, 24.04: Ich habe heute einen sehr verrückten Traum gehabt. Deshalb war ich sehr müde. Um neun Uhr bringe ich jetzt immer den Großen zum Bus, so wie jetzt jeden Tag. Er hat die Diagnosen Aufmerksamkeitsdefizit-Hyperaktivitätsstörung (ADHS) und frühkindlichen Autismus diagnostiziert bekommen. Das ist der Grund, warum ich zu dieser Familie gereist bin. Ich als Ergotherapeut mit besonderen elefantischen Kräften möchte denen helfen im Alltag mit den Einschränkungen besser zurecht zu kommen. Auch hoffe ich, dass ich mit meinen tierischen Fähigkeiten den Eltern helfen kann und wir zusammen eine schöne Zeit erleben werden.

Nancy (die Gastmutter) war heute im Büro. Ich

verbrachte die Zeit im teuren Kaufhaus in Virginia. Das Einkaufszentrum war echt sehr interessant. Es gab dort keine Kleidung unter 60 Dollar. Also beschloss ich mir nur einen Tee und ein Croissant zu kaufen. Jetzt weiß ich wenigstens, dass ich keinen Pfirsichtee mag. Später in der Mittagzeit kaufte ich mir eine Pizza. Ich war schon ein bisschen stolz, dass ich keine Probleme mit den Bezahlungen oder Ähnlichem hatte.

Den Rest des Tages hatte ich frei. Nur kurz passte ich auf die Kinder auf. Abends habe ich dann die Abendroutine von denen gesehen. Nur der Kleine hatte Probleme sofort ins Bett zu gehen und wollte unbedingt noch ein Bad nehmen.

Tag 4, 25.04: Heute hat es zeitlich geklappt die Termine von Nancy und von mir im Kalender zu vergleichen und ein wenig die Woche zu planen. Am Vormittag bzw. Mittag habe ich bisher noch viel Zeit. So las ich ein Buch über ADHS und machte mir darüber etliche Notizen … Arbeit sozusagen. Als Ausgleich guckte ich manchmal Fernsehen und machte nebenbei meine gut einstudierte Elefantengymnastik. Beispiel-Übungen: „Streck das Bein und wackel mit dem Po… "

Später sind wir zum alten Haus gefahren. Dort habe ich gemerkt, dass der Große wirklich

Probleme damit hat, jetzt in eine andere Stadt umgezogen zu sein und eine neue Umgebung zu haben. Er vermisst seine alten Freunde. Er weiß kaum, wie er damit umgehen soll, kann seine Emotionen nicht regulieren und wird sehr schnell wütend. Es war an diesem Tag mit beiden Kindern schwierig, weil einer unglücklich gewesen ist und der andere nicht. Das Pizza- Essen war extrem angespannt, obwohl sich der Große später beruhigen konnte. Der Kleine wiederum hat zurzeit seine Trotzphase, was die gesamte Familie im Alltag stark belastet.

Nach dem Essen waren wir auf meinen Vorschlag alle zu einem Spaziergang mit dem Hund Charlie unterwegs. Dabei besuchten wir die neuen Nachbarn mit ein paar Blumen und lernten uns kennen. Ich bin sehr froh und erleichtert darüber, dass alle tierfreundlich sind und keine Probleme mit Hunden oder Elefanten haben. In der Nachbarschaft gibt es eine ältere Dame, die unseren Hund Charlie so toll findet und ihn sofort „kidnappen" wollte, so ihre Worte. Nancy ist bis heute überrascht, dass diese Frau bereits 98 Jahre alt ist.

Abends konnte ich mit dem Kleinen ein neu gekauftes Puzzle ausprobieren und ich war sehr überrascht über seine Bemühungen.

Tag 5, 26.04: Heute bin ich unglaublich müde. Das Wetter ist sehr wechselhaft mit Sonne, Regen und Gewitter. Der Stress am Morgen mit dem Kleinen war sehr interessant. Er ist stur und möchte zu jeder Zeit seinen Willen bekommen. Doch ich blieb auch stur und das gefiel ihm gar nicht. Dann zweifelte er daran, dass ich sein Bruder bin und ich machte ihm klar, dass ich der dritte Boss bin. Also sozusagen ein Teil von seinen Eltern und nicht sein Bruder. Er gab ein wenig nach, doch zu guter Letzt machte sein Vater Bennet ihm noch eine klare Ansage.

Mittags gingen wir einkaufen und holten bei einer Bank Geld ab. Es dauerte länger als gedacht. So half ich beim Einkauf und brachte alles ins Haus hinein. Im großen Supermarkt bekommt man echt alles, was man braucht. Viele deutsche Marken habe ich dort auch gesehen. Es gibt nur kleine Wasserflaschen, aber große Zuckergetränke in der Größe von Kanistern. Ich mag in diesem Laden die große Auswahl von einigen Produkten. Zum Beispiel gibt es einen Gang nur mit verschiedenen Sorten von Broten.

Nach dem Mittag hatte ich bis zum Nachmittag Zeit für mich. Sobald man sich etwas vorgenommen hat, vergeht die Zeit hier wirklich sehr schnell. Ich wünschte mir bloß, dass die Sonne da wäre, dann könnte ich draußen entspannen. So langsam lebe ich mich hier ein. Es gibt noch viel zu entdecken und zu tun, aber bisher läuft es ganz gut.

Nach dem Dinner konnten wir alle zusammen auf einer Couch den Abend ausklingen lassen. Diese Situation kam bisher noch nicht vor. Gerade wegen des auffälligen Verhaltens der beiden Kinder ist es sehr schwer, dass alle gleichzeitig am selben Ort zur Ruhe kommen können. Es hat wirklich viel Spaß gemacht. Der Kleine hatte auch Spaß und spielte mit meinen Beinen herum.

Tag 6, 27.04: Am Samstag ging es früh morgens zu einem Sportstudio, wo ich mit Nancy „Bang-Dance" tanzte. Es war echt sehr lustig, aber natürlich auch anstrengend. Nach der Einheit hat sie mich gleich für das ganze Jahr als Mitglied angemeldet. Ich kann es kaum glauben, jetzt werde ich echte Elefantenmuskeln bekommen und kann so meine ganzen Falten ordentlich straffen!

Heute war ein Karussell-Tag im Glen Echo Park. Im Park selbst gab es viele Angebote. Leider war die Warteschlange für das Karussell so lang, dass es nicht möglich war, dort mit den Kindern zu warten. Wir nutzten das gute Wetter anderweitig und gingen zum Spielplatz und anschließend in ein Haus mit einem großen Saal. Dort war eine Frau, die viel Latein Amerika sang und tanzte. Das Tanzen der Kinder sah sehr spaßig aus.

Danach holten wir ein Auto ab, womit ich dann später fahren sollte. Dort im Autohaus schaffte ich es doch tatsächlich nach dem zweiten Anlauf beim Getränkeautomaten eine Flasche für die Kinder zu kaufen. Oh man, ich wünschte ich hätte keine Tatzen, sondern zarte Fingerchen…
Am Abend kam die ganze Familie von Bennet. Es wurde gegrillt und es gab ein kleines Lagerfeuer. Alle sind sehr freundlich und hilfsbereit gewesen. Später hörten wir Musik mit großen Lautsprechern. Es gab immer wieder Streit zwischen den Jungs. Für die beiden ist die Technik leider ein Spielzeug geworden.

Tag 7, 28.04: Heute war ein richtiger Sonntag für uns alle. Ich hatte zwar Freizeit und probierte neue Kleidung von Nancy aus, aber ich als Dickhäuter passte natürlich nirgendwo hinein. Sie schaute mich nur mit großen Augen enttäuscht an, nahm die Kleidungssäcke wieder mit und verfrachtete diese in die Abstellkammer zurück.

Am Nachmittag fuhren wir nach Washington D.C. und schauten uns im Nationalpark ein Baseballspiel an. Die Aussicht dort oben und das Feeling insgesamt war echt der Wahnsinn. Ich bin zwar ein Elefant, trotzdem hatte ich in der Arena wahnsinnige Höhenangst. Was mir gut gefiel ist, dass es mehr ums Zusammensein mit dem ganzen Essen und der Familie ging. Wie man sich vermutlich denken kann… Ich liebe viel Essen! Nachdem ich frittierte Waffeln mit Puderzucker gegessen hatte, war ich komplett weiß gepudert.

Tag 8, 29.04: Heute hatte Nancy mir, ohne mich vorher zu fragen, ein Taxi nach Georgetown bestellt. Dort war ich auch gut und sicher angekommen. Bevor ich mir Gedanken machte, wie ich wieder zurückkommen würde, verbrachte ich eine schöne und interessante Zeit dort. Ein bisschen war ich shoppen, bin im Park spazieren gewesen und später lief ich am Hafen entlang. Da mir das Taxi für zurück zu teuer erschien, versuchte ich es mit Bus und Bahn. Es war wirklich nicht einfach sich alleine zurecht zu finden. Zunächst suchte ich die richtige Bushaltestelle. Leider stand ich erst auf der falschen Straßenseite. Mein Englisch kann echt noch besser werden. So verstand ich, dass ich in jedem Bus bezahlen musste. Ein Dollar habe ich im ersten Bus gezahlt. In Friendship Height angekommen, suchte ich vergeblich den nächsten Bus. Also fuhr ich eine Station mit der U- Bahn. Ich werde es mit der Fahrkarte irgendwann noch lernen. Zum Glück sind hier alle Menschen sehr hilfsbereit und geduldig mit mir.

In Bethesda stieg ich dann in den zweiten Bus.

Zwei Dollar hieß es dort. Ich hatte aber leider kein Bargeld mehr. Der Busfahrer ließ mich zum Glück so mitfahren. Für die Zukunft habe ich jetzt eine Menge gelernt. Zumindest, wie man es nicht macht und man immer Kleingeld für den Bus dabeihaben sollte. Ich sah ein Straßenschild und fragte den Busfahrer, ob er schon vor der eigentlichen Bushaltestelle halten könnte. Das hat er auch getan, aber ich war mir nicht sicher, ob ich zu früh ausgestiegen bin. ... Anscheinend nicht, da ich den Weg gut ohne Handy zurückfand. Ich bin unfassbar froh darüber, dass ich ein Elefant bin und mein Gedächtnis, wie bekannt ist, sehr gut funktioniert. Es war ein sehr aufregender, aber auch ein anstrengender Tag. Ich habe ziemlich viele Erfahrungen gemacht und gelernt, wie es ist, wenn man alleine in einer großen Stadt unterwegs ist.

Tag 9, 30.04: Heute bleibe ich Zuhause und nehme mir Zeit, um meine Sachen zu sortieren und aufzuräumen. Termine eintragen, Tagebuch schreiben und so andere Sachen erledigen. Bevor es dazu gekommen ist, haben wir heute Morgen mit den Kindern „Verstecken" gespielt. Es war schön zu sehen, dass die beiden Kinder sich untereinander gut verstanden haben und mal nicht am Tablet waren. Leider endet sowas häufig im Chaos. Die Kinder konnten heute jedoch schnell wieder von selbst ruhiger werden.

Am Abend gab es sehr leckeres Essen mit Quiche, Salat und Hähnchen. Um die Zeit zu vertreiben, spielten wir erneut Verstecken und schauten später in einem Ordner mit selbstgebastelten Sachen, alles rund um das Thema ABC. Bennet lernte von mir noch ein paar deutsche Wörter und so ging der Tag auch schon zu Ende.

Tag 10, 01.05: Am ersten Mai hatte ich nicht frei, so wie alle in Deutschland. Also startete der Tag wie immer. Später traf ich mich mit Lisa (eine, die auch ein Auslandsjahr bei einer Gastfamilie macht). Sie zeigte mir ein wenig die Stadt Bethesda und wir suchten zusammen eine Poststelle. Zunächst fanden wir keinen Parkplatz, sodass sie tatsächlich noch sehr weit gefahren ist, um meinen einen Brief, der nach Deutschland gehen sollte, loszuwerden. Ansonsten hat sie mir gezeigt, wie die Parkuhren in Amerika funktionieren und nochmal die Fahrkarte (Smart-Trip Karte) erklärt. So wie ich es nämlich vermutet habe, ist es eine Karte zum Aufladen. Man kann also immer nur Einzelfahrkarten kaufen.

Später fuhr ich mit Nancy zum Sport. Diesmal war es eine sehr schwere Einheit mit Gewichten. An dem Tag taten meine Knie schon vorher weh. Doch ich machte trotzdem die Sporteinheit mit.

Abends gab es zum Dinner eine sehr leckere und einfache Tomatensuppe, die Nancy aus dem Supermarkt bereits fertig gekauft hatte. Dazu aß ich noch ein Sandwich, also eigentlich nur Toast mit Käse. Hättet ihr gewusst, wie viel ein kleiner Elefant so essen kann? Ich verrate es euch: Eine ganze Menge!

Tag 11, 02.05: An diesem Morgen war nichts, wie es sein sollte. Das Schlafzimmer von den Eltern verschloss sich zum zweiten Mal von allein und der Hund Charlie war eingeschlossen. Vor ein paar Wochen war das schon mal passiert, aber dieses Mal war die Tür nicht so leicht zu öffnen. Natürlich waren Schlüssel, Handy und vor allem die Klamotten von Nancy dort im Raum verschlossen darin. Sie hatte nur einen Bademantel an. Trotzdem sollte die Morgenroutine für die Kinder so sein wie immer. Nancy fuhr also im Morgenmantel mit denen zur Vorschule. Einige Eltern guckten uns komisch an, aber das war uns egal. Den Kleinen brachte ich dann in seine Vorschulgruppe. Anschließend fuhren wir schnell zum Haus zurück. Bennet hat leider kaum etwas am Telefon verstanden, was bei uns gerade los war. Er war aus beruflichen Gründen in Mexico und konnte uns bis auf eine Servicenummer kaum weiterhelfen. Nach einer halben Stunde kam dann der Schlüsseldienst zur Hilfe und der Tag wurde etwas besser. Dieser hat für den Service „die Tür öffnen" ganze 300

Dollar gekostet. Später haben wir den Großen aus der Schule abgeholt und zum Kinderpsychologen gebracht. Von dort aus ging es später wieder nach Hause.

Am Nachmittag waren wir zum ersten Mal mit dem Großen einkaufen. Es war eine wahre Herausforderung und wir mussten ihn ständig im Blick behalten. Er wollte unbedingt Donuts haben. Seine Mutter hat dann nachgegeben und er durfte tatsächlich vor dem Bezahlen an der Kasse einen Donut essen.

Nachdem wir dann den Kleinen wieder abgeholt hatten, zeigte er mir, was er Neues gebastelt hatte. Zuhause angekommen, suchte ich dafür sofort einen schönen Platz und ich freute mich über sein Lächeln im Gesicht. Zum ersten Mal war das Verhalten von dem Großen sehr auffällig. Er wirkte schon fast abweisend. Zum Glück waren es nur ein paar Minuten und er konnte sich wieder beruhigen.

Tag 12, 03.05: Heute ist Freitag. Wir waren bei einem Amt, denn ich brauchte eine Sozialversicherungsnummer. Das Beantragen hat nicht zwei Stunden gedauert, wie es vielleicht in Deutschland gewesen wäre, sondern zum Glück nur eine Stunde.

Später durfte ich zum ersten Mal mit dem Auto fahren und so übten wir zunächst auf einem großen Parkplatz. Später bin ich für die Kinder zu einem Haus (Kinderbetreuung) gefahren. Dort gab es dann für eine kleine Gruppe an Kindern „Movie-Night".

An diesem Abend gab es zuhause noch eine kleine Party mit vielen Frauen (Freunde von der Familie). Insgesamt waren es bestimmt zehn Personen. Ich glaube, es war ganz gut, dass Bennet noch nicht hier war. Es gab so eine Art „Eintopf" mit Fleisch, Zwiebel und Kartoffeln! Elefanten lieben Kartoffeln, auch wenn diese hier tatsächlich ein bisschen anders schmecken. Es wurde viel Wein getrunken, gelacht und getanzt. Und obwohl ich eigentlich Feierabend hatte, schaute ich immer nach den Kindern. Ich wollte Nancy einfach mal entlasten. Zu später Stunde ging es dann auch für mich irgendwann ins Bett.

Tag 13, 04.05: Es war Samstag. Der Morgen war ganz entspannt. Gegen neun Uhr ist Nancy mit den Kindern und mir in die Stadt (Washington DC und Umgebung) gefahren und wir wollten uns eigentlich ein paar Botschaften angucken. Mehrere Häuser aus verschiedenen Ländern hatten "Tag der offenen Tür" und Nancy hatte extra Tickets online gekauft. Doch die Warteschlangen waren mal wieder alle zu lang, um mit den Kindern dort zu warten.

Stattdessen besuchten wir einen großen Buchladen, in dem jeder fündig wurde. Wir besuchten danach noch einen Laden mit sehr vielen Donuts und gingen im Park spazieren.

Zuhause wieder angekommen, ruhten sich alle aus. Doch bevor das passierte, zeigte mir Nancy, wo ich hier jederzeit Putzmittel finden kann. Alle zwei Wochen kommt jemand und macht sauber, doch so lange wollte ich nicht warten. Zwischendurch kam das erste Mal meine Ansprechpartnerin Kati (vom Auslandsprogramm) zu Besuch. Ich bin froh, dass sie Deutsch spricht und ich alle meine Fragen bei ihr loswerden konnte.

Am Nachmittag fuhren wir zur Familie von Bennet. Er selbst kam später nach, da er Probleme (Verspätungen) am Flughafen hatte. Im Haus war alles sehr schön mexikanisch geschmückt. Das Essen hat mir sehr gut geschmeckt und es war gar nicht so scharf wie ich vermutet hatte. Die Familie organisiert zurzeit mehrere Veranstaltungen, um Geld für Menschen mit Blutkrebs zu spenden.

Die Kinder tobten von Anfang bis Ende durch das große Haus. Einige Erwachsene sahen sich ein Pferderennen im Fernsehen an. So wie ich es verstanden hatte, fiel das Endergebnis sehr unfair aus.

Für die Spenden gab es eine Art „Tombola".
Zusätzlich gab es verschiedene kleine Preise, die
man gewinnen konnte. Nancy hat tatsächlich, wie
gewünscht, eine Handtasche gewonnen und freute
sich sehr darüber. Auf der Rückfahrt erzählte ich
Nancy von meiner Familie aus Deutschland. Ich
denke, so kann sie mich besser verstehen. Wir
lernen uns täglich etwas mehr kennen. Ein gutes
Beispiel dafür: An einem Tag, wo wir zusammen in
der Stadt waren, nahm sie mich wie ihre Kinder
auch unter ihren Arm, damit ich nirgendwo verloren
gehen konnte. Viele ihrer Freunde sagen oft, dass
wir uns sehr ähnlich bzw. verwandt aussehen.
Einige sagen auch, dass ich so aussehe wie eine
deutsche Nancy.

Tag 14, 05.05: Heute ist Sonntag und genauso fühlt
es sich mal wieder auch an. Regen, müde und
Jogginghose. Zeit für mich, Zeit zum Telefonieren
und Zeit hier mein Tagebuch weiterzuschreiben.
Das zu tun, hat echt ganz gutgetan. Ich glaube
mehr wird heute auch nicht passieren. Und wenn,
werde ich es morgen berichten.

Tag 15, 06.05: Heute habe ich mal wieder mehr zu
berichten. An diesem Tag war eine Menge an Arbeit
(am Laptop) zu tun. Trotzdem sprach ich eine

Stunde lang mit meiner Familie. Später wurde ich so müde, dass ich direkt auf dem kleinen Sofa eingeschlafen bin. Leider hatte ich mir keinen Wecker gestellt, sodass ich viel zu lange geschlafen habe und unsanft von lauten Geräuschen, die von draußen kamen, aus dem Schlaf gerissen wurde. Jeder Fehler ist eine Weisheit mehr.

In der Mittagszeit fuhren Nancy und ich zu einem Kinderarzt und haben u.a. über das Essverhalten von dem Großen gesprochen. Er isst leider nur bestimmte Lebensmittel, die alle eher ungesund sind. Einige Pläne und Ideen sind seitens Nancy schon da, sodass nur noch die Umsetzung fehlt. Ich hatte bei dem Arztbesuch ein sehr gutes Gefühl, dass es Nancy klarer wurde, was geändert werden muss und wir gemeinsam als Team etwas verändern können. Die Zeit wird zeigen, was tatsächlich möglich ist. Nach dem Gespräch mit dem Kinderarzt holten wir nun den Kleinen von der Vorschule ab. Er wollte sich mal wieder nicht anschnallen. Also setzte ich mich zu ihm und saß auf seinem Anschnaller drauf. Leider hatte er seine Finger dazwischen und schrie plötzlich laut auf. Für die nächsten Autofahrten wünsche ich mir, dass die Kinder lernen das Anschnallen wichtig bzw. eine Pflicht ist. Auch hier in Amerika.

Tag 16, 07.05: Heute war nach der normalen Morgenroutine, der Vormittag etwas anders als sonst. Ich versuchte die Wartezeit, bis der Schulbus kam zu verkürzen und holte die Straßenkreide raus. Mit vollem Erfolg! Sogar dem Großen hat man beim Malen den Spaß angesehen. Bisher habe ich ihn eher skeptisch und zurückhaltend erlebt. Umso mehr freute ich mich, dass unsere gemalten Bilder sogar eine Woche lang auf den Steinen sichtbar blieben. Besonders schön fand ich, dass der Große auf dem Boden zum Beispiel: „I love you Mum" schrieb.

Nachdem alle aus dem Haus waren, fuhr ich wieder nach Friendship Heights und erkundete weiter die Umgebung. Das Busfahren war mit der Karte nun ganz einfach. Meine Orientierung wird langsam besser und ich suchte nach einem Laden, um ein Geschenk für den Muttertag für Nancy zu kaufen. Der Laden, den ich fand, war echt toll und auch sehr groß. Anschließend machte ich mich auf die Suche nach einem Bücherladen. Leider diesmal mit weniger Erfolg, denn ich fuhr mit dem Bus in die falsche Richtung. Dann ging ich ein wenig zu Fuß und entschied mich für den Rückweg. Manchmal soll es einfach nicht so sein. Als ich die Straßen so entlang ging, wurde mir klar, dass ich ordentlich Geld ausgegeben hatte. Und trotzdem holte ich mir beim Imbiss noch etwas zu Essen. Ich sage ja, Elefanten haben einen großen Magen!

Beim Dinner besprach ich mit Nancy und Bennet einige Dinge, die mir im Alltag auffielen. Das Problem war, dass bereits vorher die Stimmung bei den Eltern schlecht war, da der Kleine mit mir stark diskutierte. Er war der Meinung, dass ich ihn beleidigt hatte. Nancy glaubte mir. Aber alles zusammen wurde ihr zu viel und sie bekam Tränen in den Augen. Ich versuchte die Situation zu entschärfen und machte den Kleinen bettfertig. Vorher erklärte ich ihm aber noch, wie wichtig es sei, in der Familie ein Team zu sein.

Tag 17, 08.05: Es war Mittwoch und ein ganz normaler Tag, soweit. Ich arbeitete am Laptop, machte Sport und holte das erste Mal den Kleinen allein von der Vorschule ab. Zuhause angekommen, malten wir mit der Straßenkreide diesmal auf der Terrasse. An diesem Tag gab es so gut wie keinen Ärger oder Stress. Nach dem Dinner schauten wir noch einen Film und ließen den Abend in Ruhe ausklingen.

Tag 18, 09.05: Die Woche war nun fast um, und trotzdem stand noch einiges an. An diesem Tag war ich mit dem Großen und seiner Klasse sowie zwei weiteren Schulklassen im „Kinder – Museum". Vorher durfte ich allerdings von zuhause mit dem großen gelben Schulbus fahren, wie man ihn aus Filmen eben kennt. Ich muss sagen, dass muss man schon mal mitgemacht haben. So rasant und abrupt, wie der Busfahrer gefahren ist, habe ich bisher nur in Frankreich miterleben dürfen.

An der Schule angekommen, zeigte der Große mir alles in seinem Klassenraum. Kaum waren alle anderen Kinder da, konnte der Ausflug auch schon losgehen. Im Museum waren dann in einer Art Aula drei unterschiedliche Stationen zum Experimentieren aufgebaut. Es gab etwas mit Wind, mit Elektronik (Basiswissen) und eine Station mit Elektronik und einem Filzstift. Der Große machte gut mit und hatte sehr viel Spaß. Auch ich fand es echt großartig. Leider war es in dem Raum sehr laut. Jedoch war es kein Wunder bei drei Schulklassen gleichzeitig.

Tag 19, 10.05: Die Woche neigt sich dem Ende zu. Heute war ich nur mit dem Kleinen unterwegs. Auch er hatte heute einen Ausflug zu einem „Hillwood Museum". Vorher gab es in der Vorschule noch Frühstück. Ich wurde von den Erzieherinnen und Eltern gut „aufgenommen" und ich beobachte den Kleinen viel beim Spielen. Wir erstellten mit meiner Spiegelreflexkamera zusammen lustige Fotos, spielten und aßen uns satt. Dann ging die kleine Reise los und wir fuhren mit einer anderen Mutter und ihren Kindern zum Museum. Dort schauten wir uns draußen den Brunnen an, drinnen das eindrucksvolle Gebäude und zum Schluss durften alle Kinder eine goldene Schachtel mit Stickern bekleben. Im Ganzen hat auch dieser Ausflug den Kindern und mir viel Spaß gemacht. Ich würde gerne irgendwann nochmal dorthin fahren und allein den Rest in Ruhe anschauen.

Nachdem wir zuhause waren, fuhren wir alle gemeinsam in einen anderen der vielen amerikanischen Staaten, um ein Kurzurlaub zu machen. Dafür packten wir noch schnell unsere Sachen (Elefantenbadehose, meine elefantöse Kulturtasche mit großer Zahnbürste etc.) ein. Ich hatte anfangs keine Ahnung, wohin es gehen würde und wie lange wir dorthin fahren würden. Später stand auf dem Navi, dass wir erst in drei bis vier Stunden ankommen werden. Also machte ich es mir gemütlich und las das Handbuch meiner Kamera. Das Wetter war toll und so konnte ich gleich alle Funktionen, die ich aus dem Buch neu gelernt hatte, ausprobieren. Es entstanden am Ende schöne Bilder von der Umgebung.

Dort angekommen, fuhren wir direkt ans Meer. Den atlantischen Ozean. Von dem Ferienhaus brauchte man nur 10-15 Minuten zu Fuß zum Strand. An diesem Abend geschah außer auspacken, einkaufen und dem Dinner nichts weiter.

Tag 20, 11.05: Heute war ordentlich was los. Wir nutzten das gute Wetter und waren auf einem „Art Festival". Dort standen viele Stände zum Experimentieren für die Kinder, aber auch Stände zum Kaufen von Schmuck, Bildern und Obst. Ich kaufte mir sofort ganz viele Äpfel und verschlang sie direkt mit meinem geschwungenen Rüssel. Anschließend kaufte ich noch als Andenken für meine Familie in Deutschland zwei Glasfiguren für sehr viel Geld. Dabei verlor ich kurz die Gastfamilie. Aber sich wiederzufinden war eigentlich ganz einfach. Es gab auch eine Frau mit bunter Kleidung, die mit Luftballons sehr schöne Figuren formte und die Kinder und Erwachsenen zum Lachen gebracht hat.

Danach ging es zum „Funland – Park". Das war ein bisschen wie der Hamburger Dom, bloß das alles viel enger zusammengestellt war. So viele Reize mit Lichtern und bunten Farben hatte ich lange nicht mehr. Ich fuhr mit den Kindern Karussell und beobachte währenddessen die anderen Kinder. Ein paar Schritte weiter sah ich das Meer. So schön! … Direkt an der Promenade aßen wir noch ein Eis und fuhren dann zum Ferienhaus zurück.

Nach dem Dinner gab es ein Bad für die Kinder. Dies übernahm ich ohne Probleme. Sie hatten dabei sehr viel Spaß und liebten es, als ich das ganze Wasser einsaugte und mit meinem Rüssel als Dusche wieder rausspritzte. Als die Kinder soweit bettfertig waren, machten sich die Eltern außer Haus einen schönen Abend. Auch ich genoss die Ruhe und schrieb mein Tagebuch weiter.

Tag 21, 12.05: Heute ist Muttertag! Mit vielen gekauften und selbst gebastelten Geschenken überraschten wir Nancy.

An diesem Tag stand eigentlich nur noch die Fahrt von dem Ferienhaus nach Hause an. Doch vorher warteten wir auf einen Techniker. Er reparierte dann den ausgefallenen Fernseher. Es war auch okay, dass wir früher zurückfuhren. Das Wetter war seit dem Abend echt schlecht und ich hörte nichts anderes außer den Regen plätschern. Mir ist es lieber, ich mache meine Elefantendusche selbst….

Tag 22, 13.05: Und wieder startet eine neue Woche. Also begann der Tag mit der Morgenroutine (Anziehen, Frühstücken, Kinder fertig machen und zur Schule fahren bzw. zum Bus bringen) Da heute auch wieder nur Regen zu sehen war, blieb ich zuhause und genoss die Zeit für mich.

Tag 23, 14.05: Heute musste ich den Kleinen nicht zur Vorschule fahren. An diesem Tag haben wir ein Bankkonto für mich eröffnet. Allerdings mussten wir zweimal dorthin fahren, weil ich beim ersten Mal meinen Reisepass nicht dabeihatte. Die nächsten drei Tage musste ich mich dann immer online anmelden. Keiner hat verstanden warum, aber das war ja nicht schwer.

Der heutige Tag war definitiv nicht mein Tag. Es gab Stress mit der Gastfamilie und danach konnte ich mich kaum noch auf irgendwas konzentrieren. Aber auch das gehört wohl dazu. Das Problem war später noch, dass ich mit dem Schulbus zurück von der Schule fahren sollte. Es war anscheinend nichts vorher geklärt bzw. abgesprochen, denn die Busfahrerin war sehr verwirrt und wollte mich erst nicht mitnehmen. In der Schule habe ich mit der Ergotherapeutin von dem Großen über seine Probleme gesprochen. Ihr erzählte ich vom Alltag zu Hause, was sie anscheinend nicht wusste, und war sehr erschrocken.

Zum Abend hin sind wir in ein Restaurant gegangen und ich habe eine ganze Pizza gegessen. Danach hatte ich immer noch einen tierischen Hunger, aber ich wollte nicht unverschämt sein und habe nichts weiter dazu gesagt. Zuhause angekommen waren die Kinder mal wieder in der Badewanne. Der Große überwand seine Ängste und ging unter Wasser, um seine Haare zu waschen. Elefantös!

Am späten Abend telefonierte ich noch mit meinem Vater aus Deutschland. Er erzählte mir, dass er zufällig heute auch in einem Restaurant war. Ich versuchte nicht genauer hinzuhören, bevor ich wieder meinen Magen knurren hören würde.

Tag 24, 15.05: Heute fuhr ich nach der Morgenroutine nach Washington D.C. Zwar machte ich mir vorher einen Plan, wo ich hinwollte, aber vor Ort war ich doch sehr spontan unterwegs. Das Ziel war das Museum, wovon es auch einen sehr bekannten humorvollen Film gibt, bei dem alle Ausstellungsstücke zur Nacht lebendig werden. Dort sah ich mir etliches an. Es sah aber leider überhaupt nicht so aus wie in dem beschriebenen Film. Vorher sah ich das Weiße Haus, das Monument und viele andere berühmte Sehenswürdigkeiten an. Nach dem langen Fußmarsch im Museum machte ich mich auf den Rückweg. Im Museum habe ich mir nichts zu essen gekauft. Also aß ich an einem Kiosk einen Hotdog und suchte den Hauptbahnhof. Es gibt jetzt für mich keine Probleme mehr, eine U- Bahn oder den Bus zu nehmen. Zuhause angekommen, wollte ich eigentlich mit Nancy sprechen. Doch sie hat in letzter Zeit so viel zu tun, dass es erst später ging. Den ganzen restlichen Abend hatte ich keine Arbeit, da die Kinder bei Freunden einen Spieleabend hatten.

Tag 25, 16.05: Ich blieb am heutigen Tag im Haus und hatte den ganzen Tag mit der Wäsche zu tun. Tja, das ist wohl ein Nachteil gegenüber den Menschen. Manchmal wünschte ich mir, dass mein Körper ein wenig schmaler wäre, aber wie sähe das dann aus? Ob die Menschen solche Gedanken auch mal haben? Was denken die eigentlich so den ganzen Tag? ...diese und noch andere Gedanken machte ich mir. Am Nachmittag schauten wir uns Kinderbücher an, malten in Malbüchern und testeten später die Knete aus. Der ganze Tag war zum Glück ganz friedlich und ohne Stress. Den restlichen Tag hatte ich die Kinder bis kurz nach 20 Uhr beschäftigt bzw. versorgt. Am Abend kam es dann zu einem Gespräch mit Nancy. Ich konnte ihr eine Rückmeldung geben und ihre Wünsche, was sie im Alltag verbessert haben möchte, aufnehmen.

Tag 26, 17.05: Als ich das heutige Datum ansah, konnte ich kaum glauben, dass mein Geburtstag schon wieder ein Monat her ist. Die Zeit verging seitdem sehr schnell. Nancy und Bennet packten am Nachmittag ihre Sachen und fuhren mit beiden Kindern und dem Hund Charlie zum Ferienhaus. Das Wochenende blieb ich im Haus zurück und fuhr nicht mit denen mit. Ich hatte also frei. Am Abend machte ich mir Nudeln mit leckerer Tomatensoße, ich schaute einen Film an und aß viele, sehr viele Chips und einige Schokoladentafeln. Die mussten ja mal aufgegessen werden.

Tag 27, 18.05: Es ist immer noch Wochenende und ich ging, wie eine Hausfrau, erstmal einkaufen. Nur blöd, dass man mir an der Kasse gesagt hat, dass meine Kreditkarte nicht funktioniert. Wie gut, dass ich doch altmodisch bin und immer ein bisschen Bargeld dabei habe. Der Tag war gerettet! Ansonsten war es sehr entspannt. Ich hatte Zeit mich zurecht zu machen. Doch ich fragte mich hinterher, wozu. Vielleicht hatte ich auch zu viel Zeit zum Nachdenken. Jedenfalls machte ich schon Pläne für eine Rückreise. Ich weiß, dass ich sehr viel Zeit investiert habe, hier in Amerika zu sein. Trotzdem kann ich stolz sein, dass ich mich überhaupt getraut habe. Jetzt bin ich hier. Ich habe den Alltag gesehen und ich habe die Gegend und die Art der Menschen verstanden. Ich war sogar schon in der Stadt direkt und habe viele Museen hinter mir.

Zurzeit habe ich einfach das Gefühl genug gesehen zu haben. Hier sind große Häuser, große Lebensmittelverpackungen und ich sehe auch fast nur große Autos. Ich brauche diesen Luxus nicht und ich möchte es auch nicht. Denn ich weiß was viel mehr wert ist... Die Heimat in Deutschland und meine Familie! Ich sollte hier soziale Kontakte aufbauen. Aber wozu? Ich möchte in Deutschland meine Elefantenfreunde haben und dort ein sesshaftes Leben aufbauen. Ich habe verstanden, dass ich viel erreichen kann, wenn ich nicht aufgebe. Ich habe auch verstanden, dass ich allein einkaufen, wohnen und leben kann. Doch ich möchte es einfach nicht. Ich möchte die gesammelten Erfahrungen mitnehmen und einfach noch mehr gewinnen, indem ich zurückfliege. Klar ist es Heimweh und gehört dazu. Doch mein Gefühl ist stärker. Es ist kein Gefühl des Vermissens, sondern eins vom Unwohlsein. Ich weiß ganz genau, dass ich hier meine Notfallsachen habe. Dies wurde von dem Auslandsjahrprogramm empfohlen, da Heimweh ja ganz natürlich ist. Ich habe Bilder und kleine Andenken von meiner Familie aus Deutschland. Trotzdem möchte ich diese noch nicht angucken bzw. „verbrauchen". Stattdessen möchte ich ankommen. Ein Leben aufbauen mit Routine und die Balance zwischen Arbeit, Gesundheit und Freunde finden. Egal was passieren wird, es war für mich immer ein Experiment allein in ein anderes Land zu reisen. Und wenn es gescheitert ist, dann werde ich es nie bereuen, weil ich weiß, dass es sich für mich in diesem Moment einfach richtig angefühlt hat, so zu entscheiden. Ich kann hier nicht arbeiten, wenn ich unglücklich bin. Amerika ist und bleibt eine eigene Welt. Alles, was hier ist oder passiert, möchte ich hierlassen. Auch ein Abbruch wäre eine Erfahrung.

Tag 28, 19.05: Heute kreisten die Gedanken weniger umher und ich wollte eigentlich wieder nach Washington D.C. Jedoch konnte ich mich nicht aufraffen und entspannte weiter hier im Haus. Ich kochte das Wochenende über die Nudeln und probierte den Sandwich-Maker aus. Auch den Ofen habe ich für selbstgemachte Croissants benutzt. Essen ist und bleibt einfach eine super Sache!

Tag 29, 20.05: An diesem Tag war ich mit Kathi shoppen und fand tatsächlich endlich einen passenden Rucksack für meinen großen Körper. Später sind wir in Friendship Height noch Essen gewesen. Am Abend fuhr ich zum monatlichen Treffen mit einer Gruppe anderer Au-Pairs (des Auslandsjahrprogramm). Wir trafen uns alle zusammen in einem Bowlingcenter und ich war sogar die Erste mit den Punkten. Ich wunderte mich selbst, dass ich meine viele Kraft gut unter

Kontrolle hatte und die Bowlingkugel auf der Bahn blieb. Bloß hat es die Mädels kaum interessiert, da diese mehr untereinander gequatscht haben. Ich habe versucht, ein wenig Anschluss zu finden und unterhielt mich dann mit Kathi. Insgesamt wurde es noch ein schöner Abend.

Tag 30, 21.05: Am Morgen sind Nancy und ich in die Schule gefahren. Dort fand ein wichtiges Gespräch für die Eltern statt. Ich war stattdessen in der Vorschule und startete für ein paar Stunden meine freiwillige Arbeit. Es war sehr spannend den Tagesablauf kennenzulernen. Es war eine Vorschulklasse, wo Kinder mit Behinderungen z.B. Entwicklungsverzögerungen unterrichtet werden. Ich fand es sehr abwechslungsreich und ich mag die Zwischenpausen, die es nur für diese Art von Klassen gibt. Doch viel mit Bewegung gibt es, wie an jeder anderen Schule, eben auch nicht wirklich.

Am Abend waren Nancy, die Kinder und ich dann noch beim Sport. Auf dem Weg dahin wollte der Große sich nicht anschnallen. Ich habe dann gesagt, dass Nancy aber anhalten wird, wenn er sich nicht anschnallt. Sie blieb auf meiner Seite und tat es schließlich wirklich. Ein gutes Team ist eben wichtig.

Nun sind bereits ein paar Tage vergangen. Meine Elefantengedanken sind immer noch verwirrt und ich fühle mich wie in einer Zwickmühle. Nie hätte ich gedacht, dass es sich hier so anfühlen wird. Ich weiß, dass ich hier gebraucht werde und wahrscheinlich auch einiges hier ändern könnte. Doch ich bin mir mit allem weiterhin unsicher. Die Tage vergehen und die Pflichten rufen. Bisher habe ich mir vorgenommen, sobald ich Zeit für mich habe, kleine Mini-Projekte (wie zum Beispiel mit den Kindern etwas zu basteln etc.) hier zu starten. Wenn ich dann die Zeit genutzt habe und ich immer noch so denke, werde ich mir alles nochmal überlegen. Bis dahin suche ich mir Aufgaben und tue das, was ich in meinem Alltag in Deutschland nicht machen könnte. Die Tage vergehen und langsam werde ich mit Nancy ein Team. Sie widerspricht mir selten und vor allem wird sie langsam mit den Kindern strenger und konsequenter. Sie übernimmt meine Tipps und lernt Neues, was das Thema „Kinder mit Verhaltensauffälligkeiten " angeht dazu.

Am Wochenende heißt es wieder: Auf geht's an den Strand! Meistens ändert sich jedoch der Plan und man weiß nie, was auf einen zukommt.

Tag 31, 22.05: Ein neuer Tag, ein neues Glück. Doch ich gestehe, dass ich mit dem Schreiben meiner Erlebnisse einfach nicht mehr hinterherkomme. Die Freizeit ist auf einmal verschwunden. So fuhr ich heute erneut zur Schule, um dort meine freiwillige

Arbeit weiter zu leisten. Die folgenden Tage ebenfalls.

Tag 32, 23.05: Heute war ich ebenfalls in der Schule. Es war kein normaler Tag, da die Kinder heute Sportfest hatten. Es waren 20 verschiedene Stationen zum Spielen und Schwitzen bereitgestellt. Zum Beispiel gab es Springseil springen, Kegeln, Ringe werfen, Baseball spielen, Spring- Elemente, Fangspiel mit Gemüse und Kuscheltieren, das große Tuch zum Verstecken und es gab auch Wettrennspiele. Also eine Menge zum Ausprobieren, Gewinnen und Verlieren. Der Große hat es echt großartig gemacht. Nur bei einer Station wurde er unruhig. Mit meinen elefantischen Kräften und Atemübungen (durch den Rüssel lange ein- und durch den Mund wieder ausatmen…) gelang es mir zum Glück ihm Sicherheit zu vermitteln. Insgesamt war es für den Großen mit vielen Aufklebern als Belohnung ein erfolgreicher Tag. Leider endete der Tag für mich nicht ganz so gut, da er mich nach dem Sportfest nicht dabeihaben wollte. Es war nicht seine Absicht und er steckt wohl gerade in einer Phase, in der seine Selbstständigkeit von großer Bedeutung ist, erklärte mir später Nancy.

Am Nachmittag fuhren wir mal wieder zum Strandhaus. Auf der Fahrt dorthin, begann ich es schon zu bereuen. Wir fuhren nur mit einem Auto.

Die Kinder konnten sich kaum beruhigen und waren sehr aufgeregt. Dort angekommen, gab mir Nancy für den Rest des Tages frei und sie kümmerte sich weiter um die Kinder.

Tag 33, 24.05: An diesem Wochenende war ein Ehepaar (Freunde von Nancy und Bennet) mit ihren kleinen Hundewelpen bei uns im Strandhaus. Das machte das verlängerte Wochenende auch schon aus. Die Kinder hatten viel Spaß und spielten die meiste Zeit draußen im Garten mit dem Hund. Der Welpe hatte wohl noch nie einen Elefanten gesehen. Mit großen kleinen Augen schaute er mich an und wir lernten uns langsam kennen.

Das Wetter war an dem Wochenende toll. Ich ging nur bis zum Knie ins große Meer. Das Wasser war echt richtig kalt. Aber so kann ich sagen, dass ich mit meinen kleinen Elefantenbeinen im atlantischen Ozean war. Ich bekam leider nicht die Zeit, die ich gerne an der Promenade zum Shoppen haben wollte. Aber beim nächsten Mal werde ich ganz bestimmt mein Geld ausgeben.

Tag 34, 25.05: Am Samstag waren wir am Strand und abends sah man schon richtig die Bräune auf der Haut. Endlich habe auch ich mal ein bisschen Farbe bekommen. Aber ob hell- oder dunkelgrau fällt den meisten Menschen gar nicht auf. Abends aßen wir alle zusammen Pizza und ließen den Abend ausklingen.

Tag 35, 26.05: Sonntag, so fühlte es sich auch an. Es war ein sehr ruhiger Tag. Es war sozusagen ein „Filme-gucken-und-Bücher-lesen-Tag". So ruhig und entspannt darf es gerne öfters sein.

Tag 36, 27.05: Wir haben Feiertag: Memorial Day. Bestimmt feiern den alle Menschen hier so richtig mit Fahnen und Flaggen von Amerika und dekorieren die Häuser, was das Zeug hält. Leider verbrachten wir den Tag im Auto und fuhren wieder nach Hause zurück. Wir schwitzten, schliefen und quatschten im Auto bis die Zeit verging und wir unsere Sachen auspacken konnten. Am Abend fuhren wir noch zur Familie von Bennet und ich spielte mit den anderen kleinen Kindern ein Säckchen-Wurfspiel im Garten. Am besten fand ich aber den Erdbeerkuchen.

Tag 37, 28.05: Neue Woche, neues Glück. Der normale Alltag war wieder mal ganz schön. Doch die Kinder bei meiner freiwilligen Arbeit in der Schule werden anstrengender.

Tag 38, 29.05: Ich muss mich erstmal entschuldigen für die kurzen Berichte. Aber so zeigt es die Realität. Die Freizeit beschränkt sich gerade auf ein bis zwei Stunden. Und ehrlich gesagt, nutze ich die Zeit für ein paar Elefanten-Träume. Palmen, Heu und Co… Uiii, das wäre so schön. Aber ein gutes Erdbeereis täte es auch.

Tag 39, 30.05: Es ist schon Donnerstag. Kaum zu glauben, aber schön. Die kurze Woche gefiel mir sehr gut.

Tag 40, 31.05: Heute ist Freitag und das Wochenende kann kommen. Heute war ich nicht in der Schule, um zu helfen. Stattdessen war ich mit Kathi in Washington D. C. mit einem Tour- Bus unterwegs. Anfangs tauschten wir uns genau aus, wo wir uns treffen würden. Später fuhren wir dann in die Stadt hinein. Den Plan, wo es stattfinden bzw. losgehen sollte, hatte ich im Kopf. Doch wir suchten und suchten. Auch mein Rüssel-Kompass war diesmal nicht richtig. Bis zur letzten Minute brauchten wir, bis wir den Bus fanden. Verschwitzt wie wir waren, konnte die Tour losgehen. Ich wusste gar nicht wie viel ein Elefant schwitzen kann, aber nicht nur mir ging es so, sondern jedem. Das Wetter zeigte sich von der besten Seite. Die Eindrücke mit all den Gebäuden und Häusern waren viel. Jedes Museum hat an sich etwas Spezielles. Ohne Plan, wann unsere Tour enden sollte, fuhren wir durch die Stadt und konnten den starken Wind um die Ohren genießen. Wir fotografierten, was das Zeug hält. Ein richtiger Elefanten-Tourist eben. Ich war vor allem auf mein Selfie im Bus sehr stolz. Im Hintergrund passte das Weiße Haus perfekt ins

Bild. Zwischendurch fing ich sehr laut an zu lachen. Mir flog tatsächlich die Mütze von dem Vordermann ins Gesicht. Die Bustour war mit 40 Minuten geplant. Doch irgendwie waren wir am Ende der Tour bei 90 Minuten angelangt. Ziemlich lustig war auch der Guide mit seiner Art und seinen Sprüchen. Als wir den Bus kurz wechselten, fanden wir den zweiten Guide vom Aussehen eher lustig, weil dieser wie ein Rapper aussah. Er tat seinen Job als Busfahrer mit voller Leidenschaft.

Die Aussicht war toll, die Zeit war sehr lustig und es hat mit Kathi insgesamt viel Spaß gemacht. Nach unserer Tour suchten wir die U-Bahn-Station bzw. etwas zu Essen. Meine Orientierung war wie immer eine Katastrophe. Wir liefen und liefen ohne Plan, bis wir eine Kirche fanden. Dort aßen wir bei einem Imbiss und machten uns auf den Rückweg. So kann doch ein Tag auch zu Ende gehen.

Tag 41, 01.06: Und schon ist ein neuer Monat. Die Zeit vergeht hier echt schnell auf der einen Seite. Auf der anderen Seite hängen meine Gedanken zu viel in meinem Kopf. Keiner weiß, wie die Zukunft aussieht. Mein Kopf ist verwirrt. So verwirrt wie „Schinken ist Gemüse". Zum Glück ist jetzt Wochenende und ich habe Zeit einige Dinge zu erledigen. Ein bisschen wollte ich von dem Schulalltag berichten. Ich hätte nicht gedacht, dass die Lehrer bzw. Lehrerinnen in Amerika so streng sind. Bei der Gastfamilie zuhause habe ich bisher das Gegenteil gesehen. In der Schule sieht alles bunt und reizüberflutet aus. Doch wenn man erstmal eine Weile in einem Raum ist, fühlt sich später alles sehr geordnet an. Jede Wand ist mit Lernmaterialien beklebt. In jeder Ecke sind die Fächer wie zum Beispiel Mathe und Deutsch mit Materialien sortiert. An der Tafel und an den Wänden hängen Regeln, Bilder, das ABC und vieles mehr. In der Klasse für die Vorschüler sind nun sieben Kinder mit einer Behinderung. Sie kommen in der Klasse dort gut zurecht. Sie wissen, wo was steht, und werden in ihrer Selbstständigkeit unterstützt. Am Morgen wird immer der Tagesplan vorgestellt, draußen das Wetter geprüft und anschließend mit Bildkarten an der Tafel visualisiert. Jedes Kind hat zusätzlich eine Aufgabe, wie zum Beispiel das Licht ausmachen. Die guten Vorgaben geben den Kindern eine gute Struktur bzw. einen Tagesablauf, der täglich wiederholt wird. Es werden für jedes Kind mit farbigen Bildkarten an Klemmbrettern festgelegt, welche Aufgabe zuerst ansteht. Jedes Kind weiß, wo es hingehen muss und wann es welche Aufgabe bearbeiten darf. So wird Mathe nicht als Frontalunterricht gemacht, sondern mit verschiedenen Stationen, die selbstständig bearbeitet werden müssen. Zwischendurch gibt es große und kleine Pausen mit Snacks. Sobald die Kinder die Räume wechseln sollen, müssen sie sich in einer Reihe aufstellen und warten bis es weitergeht. Auf dem Flur gibt es bunte Linien und auf den langen Fluren immer wieder Stopp-Schilder. Dort bleiben die Lehrer dann stehen und warten, dass auch wirklich alle Kinder hinterherkommen. Sicherheit steht in der Schule an erster Stelle. Es werden individuell die Kinder mitgenommen und das geübt, was ihnen noch schwerfällt. Auch sind die Therapeuten (Ergotherapeuten und Logopäden) einfach direkt in der Klasse und unterstützen einzelne Kinder bzw. lesen den Kindern etwas vor.

Was meinen Alltag bei der Gastfamilie im Moment angeht, ist es ziemlich einfach. Ich wecke die Kinder morgens und helfe beim Anziehen. Wobei die Beiden schon sehr selbstständig sind. Nach dem Frühstück bringe ich die Kinder zum Bus beziehungsweise fahre den Kleinen zur Vorschule. Danach habe ich dann Freizeit. Wenn ich nicht in der Schule helfe, mache ich den Haushalt, ruhe mich aus oder überlege, was man hier verändern könnte. Ab 16 Uhr kommt dann der Große von der Schule mit dem Schulbus nach Hause. Er beschäftigt sich überwiegend mit seiner Spielkonsole, sodass es leider schon Routine für ihn geworden ist. Später hole ich den Kleinen von der Vorschule ab. Dann gibt es auch schon Abendessen. In der Woche gibt es wenig Aktivitäten, die gemacht werden. Es wird viel Fernsehen geschaut.

Selten fahren wir alle zum Sportstudio. Dort gibt es allerdings nur für Erwachsene die Möglichkeit Sport zu machen. Die Kinder gehen so lange zu einem „Bücherclub" und können dort die Zeit mit anderen Kindern verbringen.

Ich habe mir zwar fast gar nicht vorgestellt wie der Alltag in Amerika aussehen könnte, aber so wie es im Moment läuft, ist es echt ein wenig langweilig. In der Schule gibt es keine richtigen Therapien, die ich begleiten könnte, da die Therapeuten eher als Assistenten für die Lehrer und Lehrerinnen eingesetzt werden. Ich finde das sehr schade, da es nicht dem eigentlichen Berufsbild entspricht. Ich hätte mir gewünscht, dass die Therapeuten individueller mit den Kindern arbeiten und stärker auf deren Bedürfnisse (einzelne Fähigkeiten) eingehen. … Auch konnte ich bisher so gut wie gar nichts bei der Gastfamilie zuhause im Alltag erreichen bzw. verändern. Nancy und Bennet achten nur mehr darauf, dass die Kinder angeschnallt werden und überlegen öfter, ob sie etwas erlauben oder nicht.

Tag 42, 02.06: Eigentlich war das Wochenende ziemlich ruhig, doch heute war einiges los. Es war ein Tag der nicht hätte sein müssen. Am Morgen wachte ich schreckhaft auf. Geweckt wurde ich von einem sehr lauten Knall von draußen. Als ich die

Augen aufriss, sah ich dabei noch kurz Licht aufblitzen. Ich schaute aus dem Fenster und dachte die Polizei oder Feuerwehr würde vorbeifahren. So war es aber nicht. Draußen war ein blauer Himmel. Gewitter konnte ich ausschließen. Höchstwahrscheinlich war es die Elektronik.

Tagsüber war soweit alles ruhig und entspannt. Am Nachmittag hatte Nancy einige Freunde mit ihren Kindern eingeladen. Nach dem Essen ging es dem Kleinen sehr schlecht und er musste sich übergeben. Er wurde ins Bett gebracht und schlief tatsächlich bis zum nächsten Morgen komplett durch. Am Abend wurde mir dann noch erzählt, dass jemand aus der Familie gestorben sei. … Für alle wurde es Zeit, dass der Tag zu Ende ging. Irgendwas sei auch mit der Klimaanlage gewesen. Aber das wollte ich gar nicht mehr wissen. Schade fand ich, dass wir unser Essen drinnen verspeisen mussten, weil es draußen sehr stark regnete. Dazu kam dann noch Hagel. Ohne es selbst zu sehen, hätte ich niemals gedacht, wie groß die Hagelkörner hier in Amerika werden können.

Tag 43, 03.06: Montag, neue Woche, neues Glück. Ich musste heute nicht in die Schule, um dort zu helfen. So konnte ich in Ruhe meine Sachen erledigen und ein wenig nachdenken. Am Wochenende habe ich mich dazu entschieden wieder nach Deutschland zurückzufliegen. Ich habe meiner lieben Elma lange erzählt bzw. erklärt, warum ich mich so entschieden habe. Deshalb gab es am Montag viel zu tun und zu planen. Der Tag ging dafür viel zu schnell um. Abends wollten wir zu einer Tanzveranstaltung im Park. Doch alle waren zu müde dafür und wir gingen frühzeitig ins Bett schlafen.

Tag 44, 04.06: Im Moment gibt es an manchen Tagen wenig zu berichten. Was heute besonders war, dass wir ein Reh im Garten des Nachbarn hatten und ich abends Glühwürmchen im Garten hier gesehen habe. Dieses Phänomen konnte ich mit meinen Elefantenaugen zum ersten Mal sehen und werde das so schnell nicht wieder vergessen!

Tag 45, 05.06: Nachdem ich mit Nancy gestern Abend geredet hatte und ich ihr meine Entscheidung erzählte, sprachen wir über Weiteres am Morgen. Viel Zeit war mal wieder nicht, denn ich musste zur Schule. Dort erzählte ich denen, dass ich nur noch diese Woche helfen werde. Heute kamen in der Schule, die neuen Vorschüler für das nächste Jahr. Deshalb hatte ich eine andere Verstärkung, die auch freiwilligen Arbeit absolviert. Beim Mittagessen und in der Pause übernahm sie die meiste Arbeit.

Am Abend war die Abschlussfeier für ein Mädchen

aus der Familie von Bennet. Sie hat sozusagen ihr Abitur bestanden und ist nun bereit zu studieren. Geplant war dort kurz zu bleiben. Doch daraus wurde nichts und wir fuhren erst kurz vor zehn zurück. Dort war das ganze Haus mit Absolventen bzw. Freunden von dem Mädchen voll. Nancy hatte mich schon vorgewarnt und meinte, dass dort 50 Personen sein könnten.

Tag 46, 06.06: Heute ist der letzte Tag meiner freiwilligen Arbeit. Die Rückreise nähert sich jeden Tag mehr. Und die Planung geht schneller als gedacht. Sobald ich mit Kati geredet habe, könnte ich in zwei Wochen schon zurück nach Deutschland fliegen. Doch die letzten Wochen werde ich versuchen die Zeit voll zu planen und die restliche Zeit gut zu nutzen. Deswegen kann ich jetzt nicht mehr viel schreiben und muss weiterarbeiten. Im Moment übersetze ich Übungen und Tipps für den Großen auf Englisch, damit die Familie auch ohne mich die Schwierigkeiten in seinem Verhalten im Alltag verbessern kann.

Tag 47, 07.06: Nun ist es soweit. Der Kopf war voll mit Planung und Organisation. Doch jetzt wird es besser. Ich habe die teuren Flugtickets gekauft. Aber ich habe es ohne Zögern gemacht. Ich weiß, dass es meine Entscheidung war und dazu stehe ich auch.

Heute habe ich, nachdem ich gebucht habe, wieder ein bisschen mehr Zeit. Ich bin erleichtert, weil ich weiß, wie es weitergehen wird. Andererseits habe ich überlegt, meine Pläne im langen Flug zu bedenken. Was mache ich als Nächstes? Neue Ziele, neue tierische Hobbys wie Eis-Baden mit anderen Elefanten, regelmäßig Bowling spielen mit vielleicht anderen Tieren?

Eigentlich wollte ich die restliche Zeit in der Sonne liegen und dunkelgrau werden. Doch heute hat mich die Sonne enttäuscht. Das macht aber nichts, denn jetzt bereite ich mich für alles Weitere erstmal vor.

Tag 48 und 49 08.06+09.06: Ich fasse jetzt mal das Wochenende kurz zusammen. Denn ich habe nicht wirklich was gemacht. Es war sehr entspannt. Zum Teil verging die Zeit deshalb auch ein bisschen zu langsam. Ich habe an diesem Wochenende zum ersten Mal Smoothie gemacht und es war echt gut. Es zu trinken, finde ich schwer. Aber es reicht mir, wenn ich es löffeln kann. Wenn ich es pur trinke, steckt es an meinen Rüssel-Haaren fest. Das kitzelt dann und wenn ich dann niesen müsste… das möchte keiner, glaubt mir.

Tag 50, 10.06: 50 Tage sind schon um. Kaum zu glauben, dass ich bereits so viele Tage in Amerika bin. Es ist Montag und ihr habt in Deutschland mal wieder einen Feiertag (Pfingsten). Ich hingegen habe am Vormittag gearbeitet und den Kindern bei der morgendlichen Routine geholfen. Seit gestern Abend ist die Oma (Mutter von Nancy) von den Kindern hier. Also habe ich ein wenig mehr Unterstützung.

Tag 51, 11.06: Wir waren heute mit den Kindern auf dem Spielplatz und ließen die Kinder austoben. Einmal den Energiespeicher leer machen. Abends haben wir es dann gemeinsam alle zusammen geschafft an einem Tisch zu essen. Dann haben wir ein wenig gespielt, ohne Probleme ging es in die Badewanne und später ins Bett. Ich weiß nicht, warum es nur Probleme gibt, wenn die Mutter es versucht und die Kinder „übernimmt". Irgendwie verbreitet sie selbst Stress und strahlt es auch aus. Heute sollte es jedoch früh ins Bett gehen, weil morgen ein großer Tag werden sollte.

Tag 52, 12.06: Ja, und so war es auch. Heute war der Abschlusstag in der Vorschule von dem Kleinen. Mit seiner Oma und seinen Eltern schauten wir uns zunächst die Diashow an der Wand an. Tatsächlich war auch ein Foto von ihm und mir darauf zu sehen, sodass ich mich gleich „Fame" fühlte. Elefantisch schön! ... zumal ich bei der Diashow das einzige

Tier war. Ich fragte mich, ob die Menschen sowas schonmal gesehen bzw. erlebt haben. – Ein Elefant in einer Vorschule… ich kann es selbst kaum glauben!

In den Räumen war alles echt schön dekoriert, wie man es eben von Amerikanern kennt. Und dann ging es los und wir warteten auf die Kinder. Jedes einzelne Kind marschierte in seinem Gewand durch den Raum. Sie tanzten gemeinsam mit der Musik wie auf einem Laufsteg und wie sie gerade posen wollten. Ich merkte, dass sich mein Po auf dem kleinen harten Kinderstuhl dem Rhythmus anpasste und anfing, hin und her zu wackeln. Anschließend sangen die Kinder mit Begleitung einige Lieder, hatten Spaß und bekamen dann symbolisch ihre Urkunde. Worauf aber alle warteten, kam erst danach. Nämlich die Eröffnung vom Buffet. Jeder stürzte sich auf das Essen. Auch ich hatte tatsächlich schon wieder Bären-Hunger. Davor schafften wir es allerdings noch ein paar Familienfotos zu machen.

Es ging dann irgendwann zurück und ich fuhr mit der Oma noch zum Post Office. Zuerst war es nicht der richtige Laden. Später war dann vor mir ein Mann, der wie in einem Film so langsam redete, dass ich mich echt gedulden musste. Als endlich mein Paket weg war, fuhren wir zurück und kamen noch rechtzeitig an der Schule an. Denn auch der

Große hatte eine kleine Mini-Feier in seiner Schulklasse. Doch Nancy blieb allein dort. Ich verbrachte den Nachmittag mit der Oma und dem Kleinen im Haus.

Abends habe ich nochmal einen Smoothie gemacht. Die Zusammensetzung der verschiedenen Früchte schmeckte mir sehr gut. Mit den Smoothies werde ich sicherlich mal meine Familie aus Deutschland überraschen.

Tag 53, 13.06: Nun ist die Oma wieder weg. Dabei hat sie den Kleinen zu sich mitgenommen, der dort ein paar Tage Urlaub machen kann. Nancy fährt dann am Wochenende mit dem Großen auch zu ihr und sie kommen am Ende der Woche dann wieder zurück. Also werden die Tage wieder ruhiger werden. Ich glaube, das tut allen mal ganz gut. Denn bereits heute Morgen war es sehr emotional für alle. Die gesamte Situation ist einfach schwierig, da den Kindern zu wenig an Regeln mitgegeben wird.

Ich bin gespannt, wie groß meine Motivation die nächsten Tage sein wird. Eigentlich möchte ich ja schon noch das Geld auf meiner Fahrkarte ausnutzen. Zum Glück soll bald wieder die Sonne kommen.

Tag 54- 56, 14.06- 16.06: Das Wochenende waren wir in Pennsylvania (der fünfte Staat für mich). Wir fuhren Samstag los und verbrachten dort einen echt schönen Tag mit Oma und Opa (Eltern von Nancy). Ich fuhr dort zum ersten Mal Quad. Ich war sehr froh, dass der Opa mir viel Sicherheit vorher vermittelt hatte, sonst wäre ich noch zu einem Angsthasen geworden. Er ist mit mir sehr schnell durch einen kleinen Wald gefahren. Trotzdem war ich erleichtert wieder festen Boden unter meinen dicken Zehen zu haben. So eine wacklige Angelegenheit ist wohl nichts für jeden Elefanten. Ich kann mir gut vorstellen, dass der Opa schon so oft die Strecke gefahren ist, dass ihm dabei schon langweilig wird. Könnte Quad fahren mein neues Hobby werden?

Mit der Oma fuhren wir dann zu einem Spielplatz, aßen Eis und andere leckere Sachen bei der Familie zuhause, wie zum Beispiel endlich mal wieder Kartoffeln! Am Abend wurde es dann unschön, da der Große allgemein sehr starke Probleme mit dem Duschen hat. Er ist gegenüber Berührungen sehr überempfindlich, sodass er genau eine bestimmte Temperatur braucht und der Wasserstrahl nicht zu stark sein darf. Nancy war sehr verzweifelt. Ich kam zur Rettung mit meiner Elefantendusche. Damit kam der Große gut zurecht und Nancy atmete erleichtert auf.

Am Sonntag fuhren wir früher als gedacht los. Die Autofahrt war furchtbar. Es gab nur Staus auf den Straßen und so mussten wir Umwege über Delaware nehmen. Insgesamt waren wir viereinhalb Stunden unterwegs, statt drei Stunden.

Tag 57, 17.06: Schon wieder beginnt eine neue Woche. Der erste Tag beim Summer Camp (Sommerferien-Programm für die Kinder) war für mich auch etwas aufregend, weil ich den Weg zum ersten Mal fuhr. Aber ich bereitete mich vor und schaute vor der Fahrt auf die Karte. Dort angekommen, liefen die Kinder gleich zu den Erzieherinnen und ich konnte mich wieder auf den Rückweg machen. Eigentlich war geplant in die Stadt zu gehen. Aber leider gibt es immer irgendwas, was einen daran hindert. Manchmal soll es eben nicht so sein und dann ist es auch in Ordnung.

Tag 58, 18.06- Tag 61, 21.06: Die Woche war sehr merkwürdig. Ich habe das Gefühl, dass nicht nur ich mich verändert habe, indem ich mich zurückziehe. Auch die Familie scheint mir gegenüber anders zu werden. Es gibt immer mehr Ärger. Das der Große mich immer böse anguckt und andere nicht, das war vorher auch schon so. Ich weiß, dass es nicht persönlich ist, aber er kommt mit der Situation, dass ich bald weg bin, nicht wirklich zurecht. Er legt zu viel Wert auf Unabhängigkeit. Er möchte alles allein machen und überschätzt sich selbst. Oder aber er lässt alles von seinen Eltern machen. Doch die Sachen, die er macht, möchte er alleine schaffen.

Wir hatten nun sozusagen Bewerberinnen hier, die dann meine jetzigen Aufgaben übernehmen sollen. Die Erste hat mir viele Fragen gestellt und sie war von Anfang an sehr skeptisch. Sie hat die Familie sofort richtig eingeschätzt. Deshalb war ich auch ehrlich zu ihr und ich habe ihr erzählt, wie die Gastfamilie so ist. Das hat sie wohl ein wenig abgeschreckt, denn sie kam als Kandidatin nicht mehr in Frage. Es gibt eben Themen, die wir auf Deutsch sagen mussten und deswegen ist die Familie auch skeptisch gewesen. So kam es dann, dass ich mich bei der nächsten Kandidatin zurückgezogen hatte und ich nicht mit ihr sprach. Diese wurde dann auch angenommen. Nächste Woche Mittwoch geht die Übergabe los und ich bin schon sehr gespannt. Ich werde mich weiterhin zurückhalten und erstmal nur ihre Fragen beantworten. Sonst heißt es nachher noch, dass ich schuld bin, wenn sie auch gehen möchte. Ich weiß ganz genau, dass es mir schwerfallen wird den Rüssel zu halten. Andererseits gibt es ja auch viele persönliche Gründe, warum ich weg möchte. Es kann ja durchaus sein, dass sie hier gut reinpasst.

Tag 62, 22.06: Heute ist Samstag und alles ist schön ruhig hier. Die Familie ist seit gestern Nachmittag ohne mich zum Strand gefahren, obwohl es anders abgesprochen war. Aber am Donnerstag war hier so viel Ärger und Krach, dass ich mir gut vorstellen kann, dass sie nun ihre Ruhe haben wollen.

Am Donnerstag gab es für einige Stunden keine zehn Minuten ohne Krach. Aber am Ende war ich natürlich die, die den Ärger bekommen hat. Ich soll keine Kinder mit fünf Jahren draußen alleine lassen. Ich habe den Kleinen nie alleine draußen gelassen und ich finde es sehr schade, dass man sowas nicht persönlich besprechen kann. Aber ich lasse es jetzt so mal stehen. Ich kann nichts dafür, wenn die Kinder überall mit jedem funktionieren außer zuhause.

Wie gesagt, heute ist Samstag. Bisher habe ich Sport gemacht (war wohl etwas zu viel von meiner Elefantengymnastik), ich habe weiter aufgeräumt und meine Sachen eingepackt. Dann war ich draußen und habe die Sonne auf den Körper brennen lassen. Später saß ich noch am Laptop und wurde nach meinen vier Käsebroten langsam müde.

Morgen werde ich es nochmal mit Sport probieren und mehr von meinen anderen Übungen machen. Denn tatsächlich sind meine Schultern von der Dehnung lockerer geworden.

Das mit der Konzentration haben wir wohl beide (Elma und ich) gerade nicht so. Die Vorfreude, sich wieder zu sehen, steigt einfach zu hoch an.

Tag 63, 23.06: Egal, ob ich jetzt in den Kalender gucke oder nicht. Die Tage bleiben hier alle sehr gleich. Jeden Tag gibt es aber erneut Stress mit den Kindern. Nur mein Sport tut mir im Moment als Ausgleich gut. Ich bin einfach unglücklich hier und muss mir von den Kindern noch Schimpfwörter anhören. Die Tage zähle ich schon lange. Aber endlich habe ich das Gefühl, dass es etwas schneller vorangeht.

Tag 64, 24.06: Ich bin froh, dass wenigstens die Sonne hier regelmäßig treu ist und scheint. Dann ist das hier alles nicht ganz so schlimm. Die letzte Woche bzw. die letzten Tage sind gezählt. Heute und morgen nochmal sozusagen bei der Gastfamilie arbeiten. Am Mittwoch soll die Neue kommen. Dann kann ich wenigstens ein bisschen Deutsch sprechen, was mir bestimmt gut tun wird.

Tag 65, 25.06: Heute habe ich das große Thema „Geld" weiterverfolgt. Die Mission: Das Geld zu überweisen, habe ich nach langer Arbeit endlich geschafft und muss nur noch warten. Ich weiß, dass ich nun nicht wirklich mehr hier was reinschreibe, aber genauso fühle ich mich auch. Ich blocke alles nur noch ab und möchte mich kaum noch mit den Kindern beschäftigen, weil ich weiß, dass es am Ende mit Ärger endet.

Heute hatte Elma ihre letzte Prüfung von ihrem Studium und sie hat die natürlich mit „sehr gut" abgeschlossen. Ich kann es im Moment nicht zeigen, aber es beruhigt mich, dass Elma ihre Sachen wenigstens abschließen kann und sie dafür genug Ruhe hatte.

Ich denke bereits jetzt schon an den Flug und wie die zehn Stunden sein werden. Ich weiß jetzt schon, dass ich dort oben in der Luft über dem Wasser wortwörtlich „in der Luft" hänge. Es ist komisch, wenn man nicht weiß, was einen bald erwartet. Ich mag dieses Ungewisse nicht, aber ich bin froh einen groben Plan zu haben. Ich habe mich von Amerika aus bei einer neuen Elefanten-Therapiepraxis beworben. Die mir angebotenen Arbeitsbedingungen bei der neuen Praxis sehen gar nicht so schlecht aus. Ich bekomme dort als Mitarbeiterrabatt einen großen Heuballen für die Mittagspausen. Es klingt zu schön, um wahr zu sein, aber ich kann mir schon gut vorstellen dort mit den Vorteilen zu arbeiten.

Ich denke auch, dass ich nur einmal noch über

Amerika reden möchte, aber danach alles abschließen und in die Zukunft schauen möchte. Pläne machen und Neues anfangen, aber trotzdem einen gewissen Alltag mit eigener Routine haben.

Nun ist der Koffer so gut wie gepackt. Ich bin einfach nur elefanten-froh, wenn ich in Deutschland gelandet bin und meine Familie sehen kann.

Nun ist es schon Nachmittag und ich muss gleich los und die Kinder abholen. Ein letztes Mal allein durch den Kampf. Ohmmm… (elefantische Kräfte rausholen…)

Tag 66, 26.06: Heute berichte ich, wie es bei der Gastfamilie mit zwei „Helfern" ist. Abends klingelte es plötzlich an der Tür. Ich hatte ganz die Zeit vergessen. Jetzt sind wir hier erstmal zu zweit, die sich um die Kinder kümmern sollen. Die Übergabe war sehr einfach. Ich zog mich am Abend zurück und ich habe ihr die Kinder überlassen. Nun wird es spannend eine Übergabe zu machen und gleichzeitig noch meine Sachen zu erledigen. Ich bin froh, dass ich nur noch Wäsche waschen und den Koffer fertig packen muss. Ja, da ist noch die Sache mit dem „Geld-Problem", aber auch das wird sich hoffentlich bald regeln lassen. Ich bin gespannt, wie der Tag morgen wird. Es gibt ja eigentlich schon eine Menge, was ich meiner

Familie aus Deutschland erzählen kann. Aber ich werde versuchen mich zurückzuhalten. Bisher hat es auch ganz gut funktioniert.

Ich vermisse Dich, Elma. Die physische Trennung macht mich sehr traurig. Vor allem abends hätte ich gerne etwas Tierisches neben mir. Oft denke ich über alles nach und bin mir nicht sicher, ob die Reise zu diesem Zeitpunkt gut war. Es fühlt sich alles wie eine Trennung an. Als ob die Zeit vom Flughafen an im Eis eingefroren wurde. Das Abenteuer ist für dieses Kapitel ab Samstagmittag, dann wohl erstmal beendet. Ich liebe es neue Kapitel zu eröffnen, wenn ich weiß, dass es elefantös werden kann!

Tag 67, 27.06: Letzter kompletter Tag in Amerika. Jetzt ist es bald soweit und ich sitze im Flieger zurück. Ich bin bereit, würde ich sagen. Der Koffer ist fast gepackt, die Wäsche läuft und die Familie kommt ohne mich auch gut mit der Neuen klar. Wir haben es jetzt schon fast zwölf Uhr hier. Bei euch in Deutschland ist es bereits abends. Das heißt, es dauert nicht mehr lange. Um genau zu sein, sind es noch zwei Tage, sagt mir mein Zahlengedächtnis. … Ich weiß nicht, was ich noch schreiben soll. Es ist alles gesagt. Ich habe die Chance genutzt, habe mich getraut hierher zu fliegen und etwas ganz Neues ausprobiert. Ich bin nicht der Typ, der hier richtig reinpasst und das ist auch „okay" so. Ich gucke jetzt nach vorne, nach Deutschland. Wenn ich dort bin, kann ich alles tun, was in meiner Macht steht, um wirklich mental im „Hier und Jetzt" anzukommen. Zurzeit bin ich voller Hoffnung. Abends wurde ich in den letzten Tagen sehr traurig. Aber das lag am Heimweh bzw. an der Situation, die sich in ein paar Stunden ändern wird.

Ich freue mich schon auf ein Wochenende mit Elma und wieder ein richtiges Elefanten-Team zu sein. Die Zeit, die wir haben, ist kostbar wie nichts anderes. Und deswegen umso wertvoller, wenn wir wieder unsere Rüssel einhaken können. Törööö!

Wie gestern schon beschrieben, geht dieses Abenteuer: „Elmo in Amerika" morgen Mittag zu Ende. Dann heißt es: „Ein anderes neues Leben." In diesem Sinne wünsche ich allen Lesern alles Gute für die Zukunft. Und wer weiß, eventuell bleibt ihr mir auch im nächsten Buch treu und ich lerne noch besser euch von meinen Erlebnissen zu berichten.

Ganz liebe tierische Grüße,
Euer Elmo

Und noch was: Vielleicht sehen wir uns drüben in Deutschland, wenn ich die 6.416 Kilometer hinter mir habe.

… Ich bedanke mich ebenfalls bei allen Menschen, die mich unterstützt haben, mein Tagebuch zu veröffentlichen. Wer hätte das gedacht... Im Leben mal ein Tagebuch veröffentlichen, check.

Was wohl als Nächstes kommt? Das Leben ist und bleibt ein Rätsel.

Mein Name ist Julia Schmidt. Ich bin 1996 geboren, wohne in Niedersachsen und ich habe als Ergotherapeutin (und mit Elmo meinem treuen Begleiter) zwischenzeitlich in Amerika gearbeitet. Die Reise war für ein Jahr geplant, doch kam es dann anders. Mit all meinen neuen Erfahrungen arbeite ich wieder in einer Praxis. Der Schwerpunkt im Bereich Kinder (Pädiatrie) ist jedoch geblieben.

Dieses Buch ist vor Ort entstanden, zuhause wiedergefunden und nun tatsächlich veröffentlicht.